श्री विष्णु सहस्रनाम स्तोत्रम्

लेखक: महर्षि वेदव्यास
प्रस्तुतकर्ता: डिवाइनभारत

सभी अधिकार सुरक्षित।

इस पुस्तक का सम्पूर्ण अधिकार डिवाइनभारत के पास सुरक्षित है। पुस्तक का कोई भी अंश – पाठ, चित्र, डिज़ाइन या लेआउट – प्रकाशक की पूर्व अनुमति के बिना किसी भी रूप में (मुद्रित, डिजिटल, श्रव्य या दृश्य माध्यम में) पुनः प्रस्तुत, संग्रहित या प्रसारित नहीं किया जा सकता।

यह पुस्तक केवल धार्मिक, शैक्षणिक और व्यक्तिगत उपयोग के लिए प्रकाशित की गई है। किसी भी प्रकार के व्यावसायिक पुनः उपयोग, अनुवाद या संशोधन के लिए डिवाइनभारत से लिखित अनुमति लेना अनिवार्य है।

श्री विष्णु सहस्रनाम स्तोत्रम्
लेखक: महर्षि वेदव्यास
प्रस्तुतकर्ता: डिवाइनभारत

आईएसबीएन: 978-93-343-2027-5

प्रकाशन वर्ष: © २०२५ डिवाइनभारत

संपर्क करें:
info.divinebharat@gmail.com
www.divinebharat.co

2

विषयानुक्रमणिका

प्रस्तावना
ध्यानम्
पूर्वन्यास
ध्यानम्
श्रीविष्णुसहस्रनामस्तोत्रम्
फलश्रुति

प्रस्तावना

विष्णु सहस्रनाम स्तोत्रम् हिन्दू धर्म का एक अत्यंत पवित्र और शक्तिशाली स्तोत्र है। "सहस्रनाम" का अर्थ है—एक हज़ार नाम, और इस पूजनीय स्तोत्र में भगवान विष्णु के हज़ार दिव्य नामों का संकलन है। प्रत्येक नाम भगवान के किसी विशेष गुण, स्वरूप या लीलामय अभिव्यक्ति की स्तुति करता है। ये नाम केवल उपाधियाँ नहीं हैं—बल्कि मंत्रस्वरूप हैं, जिनमें दिव्य ऊर्जा का कंपन समाहित है। इनका जप ईश्वर की आराधना, स्मरण (स्मरण) और पूर्ण समर्पण का कार्य माना जाता है।

ह स्तोत्र प्राचीन भारत के दो महान संस्कृत महाकाव्यों में से एक, महाभारत में वर्णित है, जिसे महर्षि वेदव्यास ने रचा था। विशेष रूप से यह अनुशासन पर्व (पुस्तक 13, अध्याय 149) में पाया जाता है। इसका प्रसंग अत्यंत आध्यात्मिक है: भीष्म पितामह, जो कुरुक्षेत्र के युद्ध में बाणों की शय्या पर लेटे हुए हैं, युधिष्ठिर को अमूल्य धर्म और भक्ति का उपदेश दे रहे हैं।

युधिष्ठिर पूछते हैं:

"कः धर्मः सर्वधर्माणां भवतः परमो मतः?
किं जपन् मुच्यते जन्तुर्जन्मसंसारबन्धनात्?"
"आपके मत में सभी धर्मों में श्रेष्ठ धर्म कौन-सा है?
ऐसा कौन-सा नाम है जिसका जप करने से जीव जन्म-मरण
के बंधनों से मुक्त हो जाता है?"
इसके उत्तर में, भीष्म पितामह विष्णु सहस्रनाम का जप करते हैं और भगवान विष्णु को परब्रह्म (सर्वोच्च सत्य) के रूप

में महिमा मंडित करते हैं। वे बताते हैं कि भगवान के नामों का ध्यान और जप ही शांति, समृद्धि और मोक्ष का सबसे श्रेष्ठ मार्ग है।

नामों का महत्व

इस स्तोत्र के प्रत्येक नाम में दिव्य ज्ञान का सार निहित है। ये नाम भगवान विष्णु के विभिन्न स्वरूपों, ब्रह्मांडीय कार्यों, गुणों, अवतारों और दार्शनिक सिद्धांतों को दर्शाते हैं। उदाहरणस्वरूप:

- गोविन्द – जो वेदों के माध्यम से जाने जाते हैं
- नारायण – जो समस्त प्राणियों के आश्रय हैं
- अच्युत – जो कभी च्युत नहीं होते, अविनाशी हैं
- जगत्पति – जो संपूर्ण जगत के स्वामी हैं

इन नामों का जप एक आध्यात्मिक साधना (साधना) है। यह कहा गया है कि केवल इन नामों का स्मरण या श्रवण भी पापों का नाश कर सकता है, भय दूर कर सकता है और आत्मा को दिव्य साक्षात्कार की ओर ले जा सकता है।

छंद और रचना

विष्णु सहस्रनाम के श्लोक मुख्यतः अनुष्टुप छंद में रचे गए हैं, जो संस्कृत काव्य में सबसे सामान्य छंद है। प्रत्येक श्लोक में चार चरण (पाद) होते हैं, और प्रत्येक चरण में आठ अक्षर होते हैं, जिससे कुल 32 वर्णों का एक श्लोक बनता है। यह संरचना पाठ और स्मरण के लिए सहज और लयबद्ध होती है, विशेष रूप से समूह जप के लिए उपयुक्त।

इस स्तोत्र की रचना में प्रारंभिक मंगलाचरण, बीच में मुख्य सहस्रनाम, अंत में फलश्रुति (जप के लाभ) और समापन प्रार्थनाएँ सम्मिलित हैं—सभी पारंपरिक संस्कृत छंदों में निबद्ध हैं।

स्तोत्र का जप क्यों करें?

श्री विष्णु सहस्रनाम का जप एक गहन आध्यात्मिक अभ्यास है, जिसे पीढ़ियों से श्रद्धा और विश्वास के साथ अपनाया गया है। इसके प्रभाव अत्यंत दिव्य और रूपांतरकारी माने जाते हैं:

- ईश्वरीय संपर्क: प्रत्येक नाम एक दिव्य गुण से जोड़ता है, जिससे मन परमात्मा में लीन होता है
- मानसिक शांति: ध्वनि तरंगें मन को शांत करती हैं, अहंकार का क्षय करती हैं और अंतर्मुखी स्थिति उत्पन्न करती हैं
- सुरक्षा और कृपा: नियमित जप से ईश्वरीय अनुकंपा प्राप्त होती है और नकारात्मकता से रक्षा होती है
- मोक्ष प्राप्ति: यह जन्म-मरण के चक्र से मुक्ति का सशक्त उपाय है

श्री विष्णु सहस्रनाम सम्प्रदाय, भाषा और क्षेत्र की सीमाओं से परे है। यह भक्ति (श्रद्धा) और ज्ञान (ज्ञान) का सुंदर समन्वय है—एक शाश्वत वरदान, जो हर आध्यात्मिक साधक के लिए अमूल्य निधि है। चाहे आप इसे उच्च स्वर में जपें, मौन जप करें, या ध्यान में डूबें—ये नाम आपको अनंत, सर्वव्यापी परमात्मा श्री विष्णु की ओर अग्रसर करते हैं।

श्री विष्णु सहस्रनाम स्तोत्रम् के पाठ की विधि

१. स्नान और शुद्धि (पवित्रीकरण):
स्नान करें और स्वच्छ पारंपरिक वस्त्र धारण करें। पूर्व या उत्तर दिशा की ओर मुख करके स्वच्छ, शांत स्थान में बैठें।

२. आसन और ध्यान (बैठक और ध्यान):
शांत मन से स्थिर बैठें और नेत्र बंद करें। भगवान विष्णु का ध्यान करें — शंख, चक्र, गदा और पद्म धारण किए हुए उनके दिव्य रूप का स्मरण करें।

३. दीप और पूजा (दीप प्रज्वलन एवं पूजन):
एक दीपक जलाएं। भगवान विष्णु के चित्र या मूर्ति को चंदन, फूल, और तुलसी पत्र अर्पित करें।

४. पाठ:
श्रद्धा और भक्ति भाव से श्री विष्णु सहस्रनाम स्तोत्र के सभी श्लोकों का पाठ करें।

५. नैवेद्य:
सरल फल या भोजन अर्पित करें और संक्षिप्त आरती करें।

अथ ध्यानम्

ॐ शुक्लांबरधरं विष्णुं शशिवर्णं चतुर्भुजम् ।
प्रसन्नवदनं ध्यायेत् सर्वविघ्नोपशांतये ॥ 1 ॥
यस्यद्विरदवक्त्राद्याः पारिषद्याः परः शतम् ।
विघ्नं निघ्नंति सततं विष्वक्सेनं तमाश्रये ॥ 2 ॥

पूर्व पीठिका

व्यासं वसिष्ठ नप्तारं शक्तेः पौत्रमकल्मषम् ।
पराशरात्मजं वंदे शुकतातं तपोनिधिम् ॥ 3 ॥
व्यासाय विष्णु रूपाय व्यासरूपाय विष्णवे ।
नमो वै ब्रह्मनिधये वासिष्ठाय नमो नमः ॥ 4 ॥
अविकाराय शुद्धाय नित्याय परमात्मने ।
सदैक रूप रूपाय विष्णवे सर्वजिष्णवे ॥ 5 ॥
यस्य स्मरणमात्रेण जन्मसंसारबंधनात् ।
विमुच्यते नमस्तस्मै विष्णवे प्रभविष्णवे ॥ 6 ॥
ॐ नमो विष्णवे प्रभविष्णवे ।

श्री वैशंपायन उवाच

श्रुत्वा धर्मा नशेषेण पावनानि च सर्वशः ।
युधिष्ठिरः शांतनवं पुनरेवाभ्य भाषत ॥ 7 ॥

युधिष्ठिर उवाच

किमेकं दैवतं लोके किं वाऽप्येकं परायणं
स्तुवंतः कं कमर्चंतः प्राप्नुयुर्मानवाः शुभम् ॥ 8 ॥
को धर्मः सर्वधर्माणां भवतः परमो मतः ।
किं जपन्मुच्यते जंतुर्जन्मसंसार बंधनात् ॥ 9 ॥

श्री भीष्म उवाच

जगत्प्रभुं देवदेव मनंतं पुरुषोत्तमम् ।
स्तुवन्नाम सहस्रेण पुरुषः सततोत्थितः ॥ 10 ॥
तमेव चार्चयन्नित्यं भक्त्या पुरुषमव्ययम् ।
ध्यायन् स्तुवन्नमस्यंश्च यजमानस्तमेव च ॥ 11 ॥
अनादि निधनं विष्णुं सर्वलोक महेश्वरम् ।
लोकाध्यक्षं स्तुवन्नित्यं सर्व दुःखातिगो भवेत् ॥ 12 ॥
ब्रह्मण्यं सर्व धर्मज्ञं लोकानां कीर्ति वर्धनम् ।
लोकनाथं महद्भूतं सर्वभूत भवोद्भवम् ॥ 13 ॥
एष मे सर्व धर्माणां धर्मोऽधिक तमोमतः ।
यद्भक्त्या पुंडरीकाक्षं स्तवैरर्चेन्नरः सदा ॥ 14 ॥
परमं यो महत्तेजः परमं यो महत्तपः ।
परमं यो महद्ब्रह्म परमं यः परायणम् ॥ 15 ॥
पवित्राणां पवित्रं यो मंगलानां च मंगलम् ।
दैवतं देवतानां च भूतानां योऽव्ययः पिता ॥ 16 ॥
यतः सर्वाणि भूतानि भवंत्यादि युगागमे ।
यस्मिंश्च प्रलयं यांति पुनरेव युगक्षये ॥ 17 ॥
तस्य लोक प्रधानस्य जगन्नाथस्य भूपते ।
विष्णोर्नाम सहस्रं मे श्रुणु पाप भयापहम् ॥ 18 ॥
यानि नामानि गौणानि विख्यातानि महात्मनः ।
ऋषिभिः परिगीतानि तानि वक्ष्यामि भूतये ॥ 19 ॥
ऋषिर्नाम्नां सहस्रस्य वेदव्यासो महामुनिः ॥
छंदोऽनुष्टुप् तथा देवो भगवान् देवकीसुतः ॥ 20 ॥
अमृतां शूद्भवो बीजं शक्तिर्देवकिनंदनः ।
त्रिसामा हृदयं तस्य शांत्यर्थे विनियुज्यते ॥ 21 ॥

विष्णुं जिष्णुं महाविष्णुं प्रभविष्णुं महेश्वरम् ॥
अनेकरूप दैत्यांतं नमामि पुरुषोत्तमम् ॥ 22 ॥

पूर्वन्यास

श्रीवेदव्यास उवाच –
अस्य श्रीविष्णोर्दिव्यसहस्रनामस्तोत्रमहमन्त्रस्य,
श्रीवेदव्यासो भगवानृषिः,
अनुष्टुप्छन्दः,
श्रीमहाविष्णुः परमात्मा श्रीमन्नारायणो देवता।
अमृतांशूद्भवो भानुरिति बीजम्,
देवकीनन्दनः स्रष्टेति शक्तिः,
उद्भवः क्षोभणो देव इति परमः मन्त्रः।
शङ्खभृन्नन्दकीचक्र इति कीलकम्,
शार्ङ्गधन्वा गदाधर इत्यस्त्रं,
रथाङ्गपाणिः रक्षोभ्य इति नेत्रम्,
त्रिसामा सामगः सामेति कवचम्,
आनन्दं परब्रह्मेति योनिः,
ऋतुः सुदर्शनः काल इति दिग्बन्धनम्।

श्रीविश्वरूप इति ध्यानम्।

श्रीमहाविष्णुप्रीत्यर्थं विष्णोर्दिव्यसहस्रनामजपे विनियोगः॥

करन्यासः

विश्वं विष्णुर्वषट्कार इत्यंगुष्ठाभ्यां नमः
अमृतां शूद्भवो भानुरिति तर्जनीभ्यां नमः
ब्रह्मण्यो ब्रह्मकृत् ब्रह्मेति मध्यमाभ्यां नमः
सुवर्णबिंदु रक्षोभ्य इति अनामिकाभ्यां नमः
निमिषोऽनिमिषः स्रग्वीति कनिष्ठिकाभ्यां नमः
रथांगपाणि रक्षोभ्य इति करतल करपृष्ठाभ्यां नमः

अंगन्यासः

सुव्रतः सुमुखः सूक्ष्म इति ज्ञानाय हृदयाय नमः
सहस्रमूर्तिः विश्वात्मा इति ऐश्वर्याय शिरसे स्वाहा
सहस्रार्चिः सप्तजिह्व इति शक्त्यै शिखायै वषट्
त्रिसामा सामगस्सामेति बलाय कवचाय हुं
रथांगपाणि रक्षोभ्य इति नेत्राभ्यां वौषट्
शांगधन्वा गदाधर इति वीर्याय अस्त्रायफट्
ऋतुः सुदर्शनः काल इति दिग्भंधः

अथ ध्यानम्

ध्यानम्

क्षीरोधन्वत्प्रदेशे शुचिमणि-विलस-त्सैकते-मौक्तिकानां
माला-क्रूप्तासनस्थः स्फटिक-मणिनिभे-मौक्तिकै-मंडितांगः
शुभ्रै-रभ्रै-रदभ्रै-रुपरिविरचितै-मुक्त पीयूष वर्षैः
आनंदी नः पुनीया-दरिनलिनगदा शंखपाणि-मुकुंदः ॥ 1 ॥

भूः पादौ यस्य नाभिर्विय-दसुर निलश्चंद्र सूर्यौ च नेत्रे
कर्णावाशाः शिरोद्यौर्मुखमपि दहनो यस्य वास्तेयमब्धिः ।
अंतःस्थं यस्य विश्वं सुर नरखगगोभोगि गंधर्वदैत्यैः
चित्रं रं रम्यते तं त्रिभुवन वपुशं विष्णुमीशं नमामि ॥ 2 ॥

ॐ नमो भगवते वासुदेवाय !

शांताकारं भुजगशयनं पद्मनाभं सुरेशं
विश्वाधारं गगनसदृशं मेघवर्णं शुभांगम् ।
लक्ष्मीकांतं कमलनयनं योगिहृर्ध्यानगम्यम्
वंदे विष्णुं भवभयहरं सर्वलोकैकनाथम् ॥ 3 ॥

मेघश्यामं पीतकौशेयवासं
श्रीवत्साकं कौस्तुभोद्भासितांगम् ।
पुण्योपेतं पुंडरीकायताक्षं
विष्णुं वंदे सर्वलोकैकनाथम् ॥ 4 ॥

नमः समस्त भूतानां आदि भूताय भूभृते ।
अनेकरूप रूपाय विष्णवे प्रभविष्णवे ॥ 5॥

सशंखचक्रं सकिरीटकुंडलं
सपीतवस्त्रं सरसीरुहेक्षणम् ।
सहार वक्षःस्थल शोभि कौस्तुभं
नमामि विष्णुं शिरसा चतुर्भुजम् । 6॥

छायायां पारिजातस्य हेमसिंहासनोपरि
आसीनमंबुदश्याममायताक्षमलंकृतम् ॥ 7॥

चंद्राननं चतुर्बाहुं श्रीवत्सांकित वक्षसम्
रुक्मिणी सत्यभामाभ्यां सहितं कृष्णमाश्रये ॥ 8 ॥

श्रीविष्णुसहस्रनामस्तोत्रम्

ॐ

विश्वं विष्णुर्वषट्कारो भूतभव्यभवत्प्रभुः ।
भूतकृद्भूतभृद्भावो भूतात्मा भूतभावनः ॥ 1 ॥
पूतात्मा परमात्मा च मुक्तानां परमागतिः ।
अव्ययः पुरुषः साक्षी क्षेत्रज्ञोऽक्षर एव च ॥ 2 ॥
योगो योगविदां नेता प्रधान पुरुषेश्वरः ।
नारसिंहवपुः श्रीमान् केशवः पुरुषोत्तमः ॥ 3 ॥
सर्वः शर्वः शिवः स्थाणुर्भूतादिर्निधिरव्ययः ।
संभवो भावनो भर्ता प्रभवः प्रभुरीश्वरः ॥ 4 ॥
स्वयंभूः शंभुरादित्यः पुष्कराक्षो महास्वनः ।
अनादिनिधनो धाता विधाता धातुरुत्तमः ॥ 5 ॥
अप्रमेयो हृषीकेशः पद्मनाभोऽमरप्रभुः ।
विश्वकर्मा मनुस्त्वष्टा स्थविष्ठः स्थविरो ध्रुवः ॥ 6 ॥
अग्राह्यः शाश्वतो कृष्णो लोहिताक्षः प्रतर्दनः ।
प्रभूतस्त्रिककुब्धाम पवित्रं मंगलं परम् ॥ 7 ॥
ईशानः प्राणदः प्राणो ज्येष्ठः श्रेष्ठः प्रजापतिः ।
हिरण्यगर्भो भूगर्भो माधवो मधुसूदनः ॥ 8 ॥
ईश्वरो विक्रमीधन्वी मेधावी विक्रमः क्रमः ।
अनुत्तमो दुराधर्षः कृतज्ञः कृतिरात्मवान् ॥ 9 ॥
सुरेशः शरणं शर्म विश्वरेताः प्रजाभवः ।
अहस्संवत्सरो व्यालः प्रत्ययः सर्वदर्शनः ॥ 10 ॥
अजस्सर्वेश्वरः सिद्धः सिद्धिः सर्वादिरच्युतः ।
वृषाकपिरमेयात्मा सर्वयोगविनिस्सृतः ॥ 11 ॥

वसुर्वसुमनाः सत्यः समात्मा सम्मितस्समः ।
अमोघः पुंडरीकाक्षो वृषकर्मा वृषाकृतिः ॥ 12 ॥
रुद्रो बहुशिरा बभ्रुर्विश्वयोनिः शुचिश्रवाः ।
अमृतः शाश्वतस्थाणुर्वरारोहो महातपाः ॥ 13 ॥
सर्वगः सर्व विद्भानुर्विष्वक्सेनो जनार्दनः ।
वेदो वेदविदव्यंगो वेदांगो वेदवित्कविः ॥ 14 ॥
लोकाध्यक्षः सुराध्यक्षो धर्माध्यक्षः कृताकृतः ।
चतुरात्मा चतुर्व्यूहश्चतुर्दंष्ट्रश्चतुर्भुजः ॥ 15 ॥
भ्राजिष्णुर्भोजनं भोक्ता सहिष्णुर्जगदादिजः ।
अनघो विजयो जेता विश्वयोनिः पुनर्वसुः ॥ 16 ॥
उपेंद्रो वामनः प्रांशुरमोघः शुचिरूर्जितः ।
अतींद्रः संग्रहः सर्गो धृतात्मा नियमो यमः ॥ 17 ॥
वेद्यो वैद्यः सदायोगी वीरहा माधवो मधुः ।
अतींद्रियो महामायो महोत्साहो महाबलः ॥ 18 ॥
महाबुद्धिर्महावीर्यो महाशक्तिर्महाद्युतिः ।
अनिर्देश्यवपुः श्रीमानमेयात्मा महाद्रिधृक् ॥ 19 ॥
महेश्वासो महीभर्ता श्रीनिवासः सतांगतिः ।
अनिरुद्धः सुरानंदो गोविंदो गोविदां पतिः ॥ 20 ॥
मरीचिर्दमनो हंसः सुपर्णो भुजगोत्तमः ।
हिरण्यनाभः सुतपाः पद्मनाभः प्रजापतिः ॥ 21 ॥
अमृत्युः सर्वदृक् सिंहः संधाता संधिमान् स्थिरः ।
अजो दुर्मर्षणः शास्ता विश्रुतात्मा सुरारिहा ॥ 22 ॥
गुरुर्गुरुतमो धाम सत्यः सत्यपराक्रमः ।
निमिषोऽनिमिषः स्रग्वी वाचस्पतिरुदारधीः ॥ 23 ॥

अग्रणीग्रामणीः श्रीमान् न्यायो नेता समीरणः
सहस्रमूर्धा विश्वात्मा सहस्राक्षः सहस्रपात् ॥ 24 ॥
आवर्तनो निवृत्तात्मा संवृतः संप्रमर्दनः ।
अहः संवर्तको वह्निरनिलो धरणीधरः ॥ 25 ॥
सुप्रसादः प्रसन्नात्मा विश्वधृग्विश्वभुग्विभुः ।
सत्कर्ता सत्कृतः साधुर्जह्नुर्नारायणो नरः ॥ 26 ॥
असंख्येयोऽप्रमेयात्मा विशिष्टः शिष्टकृच्छुचिः ।
सिद्धार्थः सिद्धसंकल्पः सिद्धिदः सिद्धि साधनः ॥ 27 ॥
वृषाही वृषभो विष्णुर्वृषपर्वा वृषोदरः ।
वर्धनो वर्धमानश्च विविक्तः श्रुतिसागरः ॥ 28 ॥
सुभुजो दुर्धरो वाग्मी महेंद्रो वसुदो वसुः ।
नैकरूपो बृहद्रूपः शिपिविष्टः प्रकाशनः ॥ 29 ॥
ओजस्तेजोद्युतिधरः प्रकाशात्मा प्रतापनः ।
ऋद्द्ः स्पष्टाक्षरो मंत्रश्चंद्रांशुर्भास्करद्युतिः ॥ 30 ॥
अमृतांशूद्भवो भानुः शशबिंदुः सुरेश्वरः ।
औषधं जगतः सेतुः सत्यधर्मपराक्रमः ॥ 31 ॥
भूतभव्यभवन्नाथः पवनः पावनोऽनलः ।
कामहा कामकृत्कांतः कामः कामप्रदः प्रभुः ॥ 32 ॥
युगादि कृद्युगावर्तो नैकमायो महाशनः ।
अदृश्यो व्यक्तरूपश्च सहस्रजिदनंतजित् ॥ 33 ॥
इष्टोऽविशिष्टः शिष्टेष्टः शिखंडी नहुषो वृषः ।
क्रोधहा क्रोधकृत्कर्ता विश्वबाहुर्महीधरः ॥ 34 ॥
अच्युतः प्रथितः प्राणः प्राणदो वासवानुजः ।
अपांनिधिरधिष्ठानमप्रमत्तः प्रतिष्ठितः ॥ 35 ॥

स्कंदः स्कंदधरो धुर्यो वरदो वायुवाहनः ।
वासुदेवो बृहद्भानुरादिदेवः पुरंधरः ॥ 36 ॥
अशोकस्तारणस्तारः शूरः शौरिर्जनेश्वरः ।
अनुकूलः शतावर्तः पद्मी पद्मनिभेक्षणः ॥ 37 ॥
पद्मनाभोऽरविंदाक्षः पद्मगर्भः शरीरभृत् ।
महर्धिरृद्धो वृद्धात्मा महाक्षो गरुडध्वजः ॥ 38 ॥
अतुलः शरभो भीमः समयज्ञो हविर्हरिः ।
सर्वलक्षणलक्षण्यो लक्ष्मीवान् समितिंजयः ॥ 39 ॥
विक्षरो रोहितो मार्गो हेतुर्दामोदरः सहः ।
महीधरो महाभागो वेगवानमिताशनः ॥ 40 ॥
उद्भवः, क्षोभणो देवः श्रीगर्भः परमेश्वरः ।
करणं कारणं कर्ता विकर्ता गहनो गुहः ॥ 41 ॥
व्यवसायो व्यवस्थानः संस्थानः स्थानदो ध्रुवः ।
परर्धिः परमस्पष्टः तुष्टः पुष्टः शुभेक्षणः ॥ 42 ॥
रामो विरामो विरजो मार्गोनेयो नयोऽनयः ।
वीरः शक्तिमतां श्रेष्ठो धर्मोधर्म विदुत्तमः ॥ 43 ॥
वैकुंठः पुरुषः प्राणः प्राणदः प्रणवः पृथुः ।
हिरण्यगर्भः शत्रुघ्नो व्याप्तो वायुरधोक्षजः ॥ 44 ॥
ऋतुः सुदर्शनः कालः परमेष्ठी परिग्रहः ।
उग्रः संवत्सरो दक्षो विश्रामो विश्वदक्षिणः ॥ 45 ॥
विस्तारः स्थावर स्थाणुः प्रमाणं बीजमव्ययम् ।
अर्थोऽनर्थो महाकोशो महाभोगो महाधनः ॥ 46 ॥
अनिर्विण्णः स्थविष्ठो भूद्धर्मयूपो महामखः ।
नक्षत्रनेमिर्नक्षत्री क्षमः, क्षामः समीहनः ॥ 47 ॥

यज्ञ इज्यो महेज्यश्च क्रतुः सत्रं सतांगतिः ।
सर्वदर्शी विमुक्तात्मा सर्वज्ञो ज्ञानमुत्तमम् ॥ 48 ॥
सुव्रतः सुमुखः सूक्ष्मः सुघोषः सुखदः सुहृत् ।
मनोहरो जितक्रोधो वीर बाहुर्विदारणः ॥ 49 ॥
स्वापनः स्ववशो व्यापी नैकात्मा नैककर्मकृत्। ।
वत्सरो वत्सलो वत्सी रत्नगर्भो धनेश्वरः ॥ 50 ॥
धर्मगुब्धर्मकृद्धर्मी सदसत्क्षरमक्षरम्॥
अविज्ञाता सहस्त्रांशुर्विधाता कृतलक्षणः ॥ 51 ॥
गभस्तिनेमिः सत्त्वस्थः सिंहो भूत महेश्वरः ।
आदिदेवो महादेवो देवेशो देवभृद्गुरुः ॥ 52 ॥
उत्तरो गोपतिर्गोप्ता ज्ञानगम्यः पुरातनः ।
शरीर भूतभृद् भोक्ता कपींद्रो भूरिदक्षिणः ॥ 53 ॥
सोमपोऽमृतपः सोमः पुरुजित् पुरुसत्तमः ।
विनयो जयः सत्यसंधो दाशार्हः सात्वतां पतिः ॥ 54 ॥
जीवो विनयिता साक्षी मुकुंदोऽमित विक्रमः ।
अंभोनिधिरनंतात्मा महोदधि शयोंतकः ॥ 55 ॥
अजो महार्हः स्वाभाव्यो जितामित्रः प्रमोदनः ।
आनंदोऽनंदनोनंदः सत्यधर्मा त्रिविक्रमः ॥ 56 ॥
महर्षिः कपिलाचार्यः कृतज्ञो मेदिनीपतिः ।
त्रिपदस्त्रिदशाध्यक्षो महाशृंगः कृतांतकृत् ॥ 57 ॥
महावराहो गोविंदः सुषेणः कनकांगदी ।
गुह्यो गभीरो गहनो गुप्तश्चक्र गदाधरः ॥ 58 ॥
वेधाः स्वांगोऽजितः कृष्णो दृढः संकर्षणोऽच्युतः ।
वरुणो वारुणो वृक्षः पुष्कराक्षो महामनाः ॥ 59 ॥

भगवान् भगहाऽऽनंदी वनमाली हलायुधः ।
आदित्यो ज्योतिरादित्यः सहिष्णुर्गतिसत्तमः ॥ 60 ॥
सुधन्वा खंडपरशुर्दारुणो द्रविणप्रदः ।
दिवःस्पृक् सर्वदृग्व्यासो वाचस्पतिरयोनिजः ॥ 61 ॥
त्रिसामा सामगः साम निर्वाणं भेषजं भिषक् ।
सन्यासकृच्छमः शांतो निष्ठा शांतिः परायणम्। 62 ॥
शुभांगः शांतिदः स्रष्टा कुमुदः कुवलेशयः ।
गोहितो गोपतिर्गोप्ता वृषभाक्षो वृषप्रियः ॥ 63 ॥
अनिवर्ती निवृत्तात्मा संक्षेप्ता क्षेमकृच्छिवः ।
श्रीवत्सवक्षाः श्रीवासः श्रीपतिः श्रीमतांवरः ॥ 64 ॥
श्रीदः श्रीशः श्रीनिवासः श्रीनिधिः श्रीविभावनः ।
श्रीधरः श्रीकरः श्रेयः श्रीमाँल्लोकत्रयाश्रयः ॥ 65 ॥
स्वक्षः स्वंगः शतानंदो नंदिर्ज्योतिर्गणेश्वरः ।
विजितात्माऽविधेयात्मा सत्कीर्तिच्छिन्नसंशयः ॥ 66 ॥
उदीर्णः सर्वतश्चक्षुरनीशः शाश्वतस्थिरः ।
भूशयो भूषणो भूतिर्विशोकः शोकनाशनः ॥ 67 ॥
अर्चिष्मानर्चितः कुंभो विशुद्धात्मा विशोधनः ।
अनिरुद्धोऽप्रतिरथः प्रद्युम्नोऽमितविक्रमः ॥ 68 ॥
कालनेमिनिहा वीरः शौरिः शूरजनेश्वरः ।
त्रिलोकात्मा त्रिलोकेशः केशवः केशिहा हरिः ॥ 69 ॥
कामदेवः कामपालः कामी कांतः कृतागमः ।
अनिर्देश्यवपुर्विष्णुर्वीरोऽनंतो धनंजयः ॥ 70 ॥
ब्रह्मण्यो ब्रह्मकृद् ब्रह्मा ब्रह्म ब्रह्मविवर्धनः ।
ब्रह्मविद् ब्राह्मणो ब्रह्मी ब्रह्मज्ञो ब्राह्मणप्रियः ॥ 71 ॥

महाक्रमो महाकर्मा महातेजा महोरगः ।
महाक्रतुर्महायज्वा महायज्ञो महाहविः ॥ 72 ॥
स्तव्यः स्तवप्रियः स्तोत्रं स्तुतिः स्तोता रणप्रियः ।
पूर्णः पूरयिता पुण्यः पुण्यकीर्तिरनामयः ॥ 73 ॥
मनोजवस्तीर्थकरो वसुरेता वसुप्रदः ।
वसुप्रदो वासुदेवो वसुर्वसुमना हविः ॥ 74 ॥
सद्गतिः सत्कृतिः सत्ता सद्भूतिः सत्परायणः ।
शूरसेनो यदुश्रेष्ठः सन्निवासः सुयामुनः ॥ 75 ॥
भूतावासो वासुदेवः सर्वासुनिलयोऽनलः ।
दर्पहा दर्पदो दृप्तो दुर्धरोऽथापराजितः ॥ 76 ॥
विश्वमूर्तिर्महामूर्तिर्दीप्तमूर्तिरमूर्तिमान् ।
अनेकमूर्तिरव्यक्तः शतमूर्तिः शताननः ॥ 77 ॥
एको नैकः स्तवः कः किं यत्तत् पदमनुत्तमम् ।
लोकबंधुर्लोकनाथो माधवो भक्तवत्सलः ॥ 78 ॥
सुवर्णवर्णो हेमांगो वरांगश्चंदनांगदी ।
वीरहा विषमः शून्यो घृताशीरचलश्चलः ॥ 79 ॥
अमानी मानदो मान्यो लोकस्वामी त्रिलोकधृत् ।
सुमेधा मेधजो धन्यः सत्यमेधा धराधरः ॥ 80 ॥
तेजोऽवृषो द्युतिधरः सर्वशस्त्रभृतांवरः ।
प्रग्रहो निग्रहो व्यग्रो नैकशृंगो गदाग्रजः ॥ 81 ॥
चतुर्मूर्ति श्चतुर्बाहु श्चतुर्व्यूह श्चतुर्गतिः ।
चतुरात्मा चतुर्भावश्चतुर्वेदविदेकपात् ॥ 82 ॥
समावर्तोऽनिवृत्तात्मा दुर्जयो दुरतिक्रमः ।
दुर्लभो दुर्गमो दुर्गो दुरावासो दुरारिहा ॥ 83 ॥

शुभांगो लोकसारंगः सुतंतुस्तंतुवर्धनः ।
इंद्रकर्मा महाकर्मा कृतकर्मा कृतागमः ॥ 84 ॥
उद्भवः सुंदरः सुंदो रत्ननाभः सुलोचनः ।
अर्को वाजसनः शृंगी जयंतः सर्वविज्जयी ॥ 85 ॥
सुवर्णबिंदुरक्षोभ्यः सर्ववागीश्वरेश्वरः ।
महाहृदो महागर्तो महाभूतो महानिधिः ॥ 86 ॥
कुमुदः कुंदरः कुंदः पर्जन्यः पावनोऽनिलः ।
अमृताशोऽमृतवपुः सर्वज्ञः सर्वतोमुखः ॥ 87 ॥
सुलभः सुव्रतः सिद्धः शत्रुजिच्छत्रुतापनः ।
न्यग्रोधोऽदुंबरोऽश्वत्थश्चाणूरांध्र निषूदनः ॥ 88 ॥
सहस्रार्चिः सप्तजिह्वः सप्तैधाः सप्तवाहनः ।
अमूर्तिरनघोऽचिंत्यो भयकृद्भयनाशनः ॥ 89 ॥
अणुर्बृहत्कृशः स्थूलो गुणभृन्निर्गुणो महान् ।
अधृतः स्वधृतः स्वास्यः प्राग्वंशो वंशवर्धनः ॥ 90 ॥
भारभृत् कथितो योगी योगीशः सर्वकामदः ।
आश्रमः श्रमणः, क्षामः सुपर्णो वायुवाहनः ॥ 91 ॥
धनुर्धरो धनुर्वेदो दंडो दमयिता दमः ।
अपराजितः सर्वसहो नियंताऽनियमोऽयमः ॥ 92 ॥
सत्त्ववान् सात्त्विकः सत्यः सत्यधर्मपरायणः ।
अभिप्रायः प्रियार्होऽर्हः प्रियकृत् प्रीतिवर्धनः ॥ 93 ॥
विहायसगतिर्ज्योतिः सुरुचिर्हुतभुग्विभुः ।
रविर्विरोचनः सूर्यः सविता रविलोचनः ॥ 94 ॥
अनंतो हुतभुग्भोक्ता सुखदो नैकजोऽग्रजः ।
अनिर्विण्णः सदामर्षी लोकधिष्ठानमद्भुतः ॥ 95 ॥

सनात्सनातनतमः कपिलः कपिरव्ययः ।
स्वस्तिदः स्वस्तिकृत्स्वस्तिः स्वस्तिभुक् स्वस्तिदक्षिणः
॥ 96 ॥
अरौद्रः कुंडली चक्री विक्रम्यूर्जितशासनः ।
शब्दातिगः शब्दसहः शिशिरः शर्वरीकरः ॥ 97 ॥
अक्रूरः पेशलो दक्षो दक्षिणः, क्षमिणांवरः ।
विद्वत्तमो वीतभयः पुण्यश्रवणकीर्तनः ॥ 98 ॥
उत्तारणो दुष्कृतिहा पुण्यो दुःस्वप्ननाशनः ।
वीरहा रक्षणः संतो जीवनः पर्यवस्थितः ॥ 99 ॥
अनंतरूपोऽनंत श्रीर्जितमन्युर्भयापहः ।
चतुरश्रो गभीरात्मा विदिशो व्यादिशो दिशः ॥ 100 ॥
अनादिर्भूर्भुवो लक्ष्मीः सुवीरो रुचिरांगदः ।
जननो जनजन्मादिर्भीमो भीमपराक्रमः ॥ 101 ॥
आधारनिलयोऽधाता पुष्पहासः प्रजागरः ।
ऊर्ध्वगः सत्पथाचारः प्राणदः प्रणवः पणः ॥ 102 ॥
प्रमाणं प्राणनिलयः प्राणभृत् प्राणजीवनः ।
तत्त्वं तत्त्वविदेकात्मा जन्ममृत्युजरातिगः ॥ 103 ॥
भूर्भुवः स्वस्तरुस्तारः सविता प्रपितामहः ।
यज्ञो यज्ञपतिर्यज्वा यज्ञांगो यज्ञवाहनः ॥ 104 ॥
यज्ञभृद् यज्ञकृद् यज्ञी यज्ञभुक् यज्ञसाधनः ।
यज्ञांतकृद् यज्ञगुह्यमन्नमन्नाद एव च ॥ 105 ॥
आत्मयोनिः स्वयंजातो वैखानः सामगायनः ।
देवकीनंदनः स्रष्टा क्षितीशः पापनाशनः ॥ 106 ॥

शंखभृन्नंदकी चक्री शार्ङ्गधन्वा गदाधरः ।
रथांगपाणिरक्षोभ्यः सर्वप्रहरणायुधः ॥ 107 ॥
श्री सर्वप्रहरणायुध ॐ नम इति ।
वनमाली गदी शार्ङ्गी शंखी चक्री च नंदकी ।
श्रीमान्नारायणो विष्णुर्वासुदेवोऽभिरक्षतु ॥ 108 ॥

श्री वासुदेवोऽभिरक्षतु ॐ नम इति ।

उत्तर पीठिका

फलश्रुतिः

इतीदं कीर्तनीयस्य केशवस्य महात्मनः ।
नाम्नां सहस्रं दिव्यानामशेषेण प्रकीर्तितम् ॥ 1 ॥
य इदं शृणुयान्नित्यं यश्चापि परिकीर्तयेत् ॥
नाशुभं प्राप्नुयात् किंचित्सोऽमुत्रेह च मानवः ॥ 2 ॥
वेदांतगो ब्राह्मणः स्यात् क्षत्रियो विजयी भवेत् ।
वैश्यो धनसमृद्धः स्यात् शूद्रः सुखमवाप्नुयात् ॥ 3 ॥
धर्मार्थी प्राप्नुयाद्धर्ममर्थार्थी चार्थमाप्नुयात् ।
कामानवाप्नुयात् कामी प्रजार्थी प्राप्नुयात्प्रजाम् ॥ 4 ॥
भक्तिमान् यः सदोत्थाय शुचिस्तद्गतमानसः ।
सहस्रं वासुदेवस्य नाम्नामेतत् प्रकीर्तयेत् ॥ 5 ॥
यशः प्राप्नोति विपुलं यातिप्राधान्यमेव च ।
अचलां श्रियमाप्नोति श्रेयः प्राप्नोत्यनुत्तमम् ॥ 6 ॥

न भयं क्वचिदाप्नोति वीर्यं तेजश्च विंदति ।
भवत्यरोगो द्युतिमान् बलरूप गुणान्वितः ॥ 7 ॥
रोगार्तो मुच्यते रोगाद्बद्धो मुच्येत बंधनात् ।
भयान्मुच्येत भीतस्तु मुच्येतापन्न आपदः ॥ 8 ॥
दुर्गाण्यतितरत्याशु पुरुषः पुरुषोत्तमम् ।
स्तुवन्नामसहस्रेण नित्यं भक्तिसमन्वितः ॥ 9 ॥
वासुदेवाश्रयो मर्त्यो वासुदेवपरायणः ।
सर्वपापविशुद्धात्मा याति ब्रह्म सनातनम्। ॥ 10 ॥
न वासुदेव भक्तानामशुभं विद्यते क्वचित् ।
जन्ममृत्युजराव्याधिभयं नैवोपजायते ॥ 11 ॥
इमं स्तवमधीयानः श्रद्धाभक्तिसमन्वितः ।
युज्येतात्म सुखक्षांति श्रीधृति स्मृति कीर्तिभिः ॥ 12 ॥
न क्रोधो न च मात्सर्यं न लोभो नाशुभामतिः ।
भवंति कृतपुण्यानां भक्तानां पुरुषोत्तमे ॥ 13 ॥
द्यौः सचंद्रार्कनक्षत्रा खं दिशो भूर्महोदधिः ।
वासुदेवस्य वीर्येण विधृतानि महात्मनः ॥ 14 ॥
ससुरासुरगंधर्वं सयक्षोरगराक्षसम् ।
जगद्वशे वर्ततेदं कृष्णस्य स चराचरम्। ॥ 15 ॥
इंद्रियाणि मनोबुद्धिः सत्त्वं तेजो बलं धृतिः ।
वासुदेवात्मकान्याहुः, क्षेत्रं क्षेत्रज्ञ एव च ॥ 16 ॥
सर्वागमानामाचारः प्रथमं परिकल्पते ।
आचारप्रभवो धर्मो धर्मस्य प्रभुरच्युतः ॥ 17 ॥
ऋषयः पितरो देवा महाभूतानि धातवः ।
जंगमाजंगमं चेदं जगन्नारायणोद्भवम् ॥ 18 ॥

योगोज्ञानं तथा सांख्यं विद्याः शिल्पादिकर्म च ।
वेदाः शास्त्राणि विज्ञानमेतत्सर्वं जनार्दनात् ॥ 19 ॥
एको विष्णुर्महद्भूतं पृथग्भूतान्यनेकशः ।
त्रींलोकान्व्याप्य भूतात्मा भुंक्ते विश्वभुगव्ययः ॥ 20 ॥
इमं स्तवं भगवतो विष्णोर्व्यासेन कीर्तितम् ।
पठेद्य इच्चेत्पुरुषः श्रेयः प्राप्तुं सुखानि च ॥ 21 ॥
विश्वेश्वरमजं देवं जगतः प्रभुमव्ययम्।
भजंति ये पुष्कराक्षं न ते यांति पराभवम् ॥ 22 ॥
न ते यांति पराभवं ॐ नम इति ।

अर्जुन उवाच

पद्मपत्र विशालाक्ष पद्मनाभ सुरोत्तम ।
भक्ताना मनुरक्तानां त्राता भव जनार्दन ॥ 23 ॥

श्रीभगवानुवाच

यो मां नामसहस्रेण स्तोतुमिच्छति पांडव ।
सोऽहमेकेन श्लोकेन स्तुत एव न संशयः ॥ 24 ॥
स्तुत एव न संशय ॐ नम इति ।

व्यास उवाच

वासनाद्वासुदेवस्य वासितं भुवनत्रयम् ।
सर्वभूतनिवासोऽसि वासुदेव नमोऽस्तु ते ॥ 25 ॥
श्रीवासुदेव नमोस्तुत ॐ नम इति ।

पार्वत्युवाच

केनोपायेन लघुना विष्णोर्नामसहस्रकम् ।
पठ्यते पंडितैर्नित्यं श्रोतुमिच्छाम्यहं प्रभो ॥ 26 ॥

ईश्वर उवाच
श्रीराम राम रामेति रमे रामे मनोरमे ।
सहस्रनाम तत्तुल्यं रामनाम वरानने ॥ 27 ॥
श्रीराम नाम वरानन ॐ नम इति ।

ब्रह्मोवाच
नमोऽस्त्वनंताय सहस्रमूर्तये सहस्रपादाक्षिशिरोरुबाहवे
सहस्रनाम्ने पुरुषाय शाश्वते सहस्रकोटी युगधारिणे नमः
॥ 28 ॥
श्री सहस्रकोटी युगधारिणे नम ॐ नम इति ।

संजय उवाच
यत्र योगेश्वरः कृष्णो यत्र पार्थो धनुर्धरः ।
तत्र श्रीर्विजयो भूतिर्ध्रुवा नीतिर्मतिर्मम ॥ 29 ॥

श्री भगवान् उवाच
अनन्याश्चिंतयंतो मां ये जनाः पर्युपासते ।
तेषां नित्याभियुक्तानां योगक्षेमं वहाम्यहम्। ॥ 30 ॥
परित्राणाय साधूनां विनाशाय च दुष्कृताम्। ।
धर्मसंस्थापनार्थाय संभवामि युगे युगे ॥ 31 ॥
आर्ताः विषण्णाः शिथिलाश्च भीताः घोरेषु च व्याधिषु
वर्तमानाः ।
संकीर्त्य नारायणशब्दमात्रं विमुक्तदुःखाः सुखिनो
भवंति ॥ 32 ॥
कायेन वाचा मनसेंद्रियैर्वा बुद्ध्यात्मना वा प्रकृतेः स्वभावात्
करोमि यद्यत्सकलं परस्मै नारायणायेति समर्पयामि ॥33॥

यदक्षर पदभ्रष्टं मात्राहीनं तु यद्भवेत्
तथ्सर्वं क्षम्यतां देव नारायण नमोऽस्तु ते ।
विसर्ग बिंदु मात्राणि पदपादाक्षराणि च
न्यूनानि चातिरिक्तानि क्षमस्व पुरुषोत्तमः ॥

इति श्री महाभारते शतसाहस्त्रिकायां संहितायां
वैयासिक्यामनुशासन पर्वांतर्गत आनुशासनिक पर्वणि,
मोक्षधर्मे भीष्म युधिष्ठिर संवादे श्री विष्णोर्दिव्य
सहस्रनाम स्तोत्रं नामैकोन पंच शताधिक
शततमोध्यायः ॥

श्री विष्णु सहस्रनाम स्तोत्रं समाप्तम् ॥

ॐ तत्सत् सर्वं श्री कृष्णार्पणमस्तु ॥

www.ingramcontent.com/pod-product-compliance
Lightning Source LLC
LaVergne TN
LVHW010424070526
838199LV00064B/5414
* 9 7 8 9 3 3 4 3 2 0 2 7 5 *